SYLLABLES ON HOLD

SÍLABAS DETENIDAS

SYLLABLES ON HOLD

SÍLABAS DETENIDAS

by

Víctor M. Navarro

Bilingual edition

Translated from Spanish and edited

by

Arthur Gatti and Roberto Mendoza Ayala

Illustrated by Javier Córdova
Cover design by Alonso Venegas Gómez
Back cover photograph by Christian Guevara

PUBLISHING
NEW YORK • MÉXICO

2021

First printing: 2021

ISBN: 978-1-7337341-5-8

Designed and typeset in New York City by:

Darklight Publishing LLC
8 The Green Suite 5280
Dover, DE 19901

Contents

II. Verses I dreamed of

Índice

II. Versos que soñé

Introduction

VÍCTOR M. NAVARRO has forged his life around letters. In addition to being a writer, he has been a tireless cultural promoter and journalist who has been fortunate enough to personally meet most of the creators of the Mexican literary world born from the beginning of the 20th century and onwards.

He has interviewed some of them in the splendor of their fame, others he has met, perhaps even discovered or promoted, when they were just promising youngsters in the seething environment of workshops, performances and scholarships that was distinctive of the Mexican cultural policy until late last century and the first decade of the present.

From the literature of "La Onda", passing through the infra-realists and a whole host of avant-gardes, fashions and trends, Navarro has followed with a vigilant eye the trajectory of authors whose works have been slowly distilling and incorporating into the national literary heritage.

He has been fortunate to have for many years a radio voice that has allowed him to approach and document in an intimate and spontaneous way —just as the narrow space imposes— the words, works and thoughts of hundreds of writers who have passed by the radio booths in which the records of their speeches still remain.

Navarro is a man fully identified with Tacubaya, the neighborhood where he was born. He was forged among characters who, due to their speech, accent, attitudes and ways of life, could easily belong to the genre of universal picaresque. From them: from youth gangs, from urban markets, from shantytowns, from the streets, from whores and canteens, and also from enviable family and social ties, our author assimilated the unwritten laws that govern human coexistence.

That one can make poetry with that background, he amply demonstrated it with his book "Tacubaya Revisited" —now an object of worship for some— where the writer found the intersection between the street language and his own literary voice. At this point it's necessary to note that Navarro is the owner of a huge library and a very assorted music library, both admirable, where titles from different periods are united; and that his preferences and references are usually cited by him with all the self-confidence of a cultured and lucid memory that has spent thousands of sleepless nights sucking on books, sounds and images.

Just as Víctor M. Navarro declares himself an unbeatable connoisseur of Tin Tan's films or the music of Botellita de Jerez band; as well as improvising agile word games — his famous *navarreadas*; and just as he has strolled the whole directory of neighborhood canteens and posh bars that exist in Mexico with a thirst for intelligent conversations; he is at the same time a consummate scholar of the cursed French poets, whom we could unite in some way with the Navarrian literature, given that together with them he delves into cynicism, excesses and disappointment; as well as by the desecrating of neatness that characterizes both works.

Navarro's work in *Syllables on Hold* stands out with the best of contemporary poetry, due to the great urging of its associations of images and verbal spins; however, there are obvious nods to the Mexican writers most loved by the author: López Velarde, List Arzubide, Xavier Villaurrutia, Efraín Huerta, Francisco Cervantes, Jaime Reyes, Carlos Santibáñez, and Mario Santiago Papasquiaro, among others.

On the other hand, in his themes the poet tries multiple interpolations with universal literature. Therefore, it is necessary to mention some names that are also determining factors in his conception of this book: Arquíloco, Ovidio, Marqués de Sade, Quevedo, Rimbaud, W. Benjamin, Schwob, García Lorca, César Moro, Bradbury, Borges, Yeats, Pound and Lezama Lima.

Syllables on Hold, the title perhaps gives a glimpse of it, is a wide sample of the writing of Víctor M. Navarro accumulated in recent years. Poems in which he pays tribute not only to his neighborhood but to the whole, to a city inhabited by essential writers: a city both loving and perverse, magnificently replicated in Javier Córdova's illustrations.

There are no coincidences in poetry nor is anything left over, every casual encounter *had to* happen. Navarro is the man who from Tacubaya looks out into the world not to get out of there —the saying dictates that one should never leave the place— but to meet once more with his favorite authors along these pages, decisively crafting every word and at the same time opening possibilities of meanings that invite the reader to give his own version of what is happening before his eyes.

ROBERTO MENDOZA AYALA
New York City, October 2020

Introducción

VÍCTOR M NAVARRO ha forjado su vida alrededor de las letras. Además de escritor, ha sido un incansable promotor cultural y periodista que ha tenido la suerte de conocer personalmente a la mayoría de los creadores del mundo literario mexicano nacidos desde el comienzo del siglo XX y en adelante.

A algunos los entrevistó en el esplendor de la fama, o otros los ha encontrado, tal vez incluso descubierto o impulsado, cuando eran solo jóvenes promesas en el ambiente en ebullición de talleres, presentaciones y becarios que fue distintivo de la política cultural del Estado hasta fines del siglo pasado y la primera década del actual.

Desde la literatura de la "Onda", pasando por los infrarrealistas y todo un cúmulo de vanguardias, modas y tendencias, Navarro ha seguido con ojo vigilante la trayectoria de autores cuyas obras se han ido decantando e incorporando lentamente al acervo literario nacional.

Ha tenido la fortuna de contar por muchos años con una voz radiofónica que le ha permitido acercarse y documentar de manera íntima y espontánea —tal como lo impone el estrecho espacio— las palabras, obras y pensamientos de cientos de escritores que han pasado por las cabinas en las que ha quedado el registro de sus alocuciones.

Navarro es un hombre plenamente identificado con Tacubaya, el barrio donde nació. Él se formó entre personajes que por su habla, acento, actitudes y modos de vida, podrían pertenecer sin problema al género de la picaresca universal. De ellos: de las bandas juveniles, de los mercados, de las vecindades, de la calle, de las prostis y de las cantinas, pero también a partir de envidiables lazos familiares y sociales, nuestro autor asimiló las leyes no escritas que rigen la convivencia humana.

Que se puede hacer poesía con ese bagaje, lo demostró sobradamente con su libro "Tacubaya Revisited" —ya objeto de culto para algunos—, donde el escritor encontró la intersección entre el lenguaje citadino popular y su propia voz literaria. Habrá qué anotar en este punto que Navarro es poseedor de una enorme biblioteca y de una muy surtida fonoteca, ambas admirables, donde se hermanan títulos de distintas épocas; y que sus preferencias y referencias suele citarlas con todo el desparpajo de una memoria culta y lúcida que ha pasado miles de noches en vela mamando libros, sonidos e imágenes.

Así como Víctor M. Navarro se declara imbatible conocedor de las películas de Tin Tan o de la música de Botellita de Jerez; así como improvisa ágiles juegos de palabras—sus célebres *navarreadas*; y así como ha recorrido con sed de conversaciones inteligentes todo el directorio de cantinas de barrio y de postín que existen en México; es a la vez un consumado estudioso de los poetas malditos franceses, a los que podríamos hermanar de alguna forma con la literatura navarriana dado que junto con ellos ahonda en el cinismo, en los excesos y en el desencanto; así como por la desacralización de lo pulcro que caracteriza sus obras.

El trabajo de Navarro en *Sílabas detenidas* despunta con lo mejor de la poesía contemporánea por el gran albedrío de sus asociaciones de imágenes y giros del lenguaje; sin embargo hay guiños obvios hacia los escritores mexicanos más queridos por el autor: López Velarde, List Arzubide, Xavier Villaurrutia, Efraín Huerta, Francisco Cervantes, Jaime Reyes, Carlos Santibáñez, y Mario Santiago Papasquiaro, entre otros.

Por otra parte, en sus temas el poeta ensaya múltiples interpolaciones con la literatura universal. por lo que es necesario mencionar algunos nombres que también son determinantes en la concepción que él hizo de este libro: Arquíloco, Ovidio, Marqués de Sade, Quevedo, Rimbaud, W. Benjamin, Schwob, García Lorca, César Moro, Bradbury, Borges, Yeats, Pound y Lezama Lima.

Sílabas detenidas, el título quizás lo deja entrever, es un amplio muestrario de la escritura de Víctor M. Navarro acumulada en estos últimos años. Poemas en los que él rinde homenaje no sólo a su barrio sino al conjunto, a una ciudad habitada por escritores imprescindibles: una urbe a la vez amorosa y perversa magníficamente replicada en las ilustraciones de Javier Córdova.

En poesía no hay casualidades ni sobra nada, todo encuentro fortuito *tenía que* darse: Navarro es el hombre que desde Tacubaya se asoma al mundo no para salir de ahí —el dicho marca que uno jamás debe irse—, sino para reencontrarse en estas páginas con sus autores predilectos, bordando con decisión cada palabra y abriendo a la vez posibilidades de significados que invitan al lector a dar su propia versión de lo que está ocurriendo ante su vista.

ROBERTO MENDOZA AYALA
Nueva York, octubre de 2020

SYLLABLES ON HOLD
SÍLABAS DETENIDAS

I.

LOVE THAT CONTAINS EVERYTHING
EL AMOR QUE TODO LO CONTIENE

Wine comes in at the mouth
And love comes in at the eye;
That's all we shall know for truth
Before we grow old and die.
I lift the glass to my mouth,
I look at you, and I sigh.

El vino entra en la boca
Y el amor entra en los ojos;
Es todo lo que en verdad conocemos
Antes de envejecer y morir.
Llevo el vaso a mi boca,
Y te miro, y suspiro.

W. B.YEATS

Little drunken vigil, holy! if only because of
the mask you have bestowed on us. We pronounce you, method!
We shall not forget that yesterday you glorified each one of our ages.
We have faith in the poison. We know how to give our whole life every day.
Now is the time of the Assassins.

Pequeña vigilia de embriaguez ¡santa seas!, aunque nada más fuera por la
máscara con que nos retribuiste. ¡Nosotros te confirmamos, método!
No olvidamos que glorificaste ayer cada una de nuestras edades.
Tenemos fe en el veneno. Sabemos dar a diario la vida entera.
He aquí el tiempo de los Asesinos.

ARTHUR RIMBAUD

ADVENT

Framed in light
poetry reached
your mouth
a kiss
sealed all possibility
of speaking
and I had to write
your name.

ADVENIMIENTO

Enmarcada en luz
la poesía llegó
a tu boca
un beso
selló toda posibilidad
de hablar
y tuve que escribir
tu nombre.

KISSES / VERSES

Lips
that thought;
those kisses
would be pure conscience.

BESOS / VERSOS

Unos labios
que pensaban;
esos besos
serían pura conciencia.

I SEARCH FOR

I search for the night
and I find the day,
such stubborn
life.

BUSCO

Busco la noche
y encuentro el día,
así la vida
porfía.

CARLOS SANTIBÁÑEZ ANDONEGUI (1954-2018)

Amazement came in, brother,
there were many things on that desk:
your poems, the festive spirit,
afternoons of life and wordiness;
our street axles, the U-turns
before failure and before our character,
we danced, *his ordinance of repentance had not
yet arrived...*
Those tacos in Quevedo
shared with poets of our generation,
our first poetry books,
the adventure of magazines and recitals
always on the verge of laughter ...
*stop that moment
when the sky is about to split in two*
the verses you liked you would repeat
masterfully singing a cha-cha-cha,
the sailor man can get married ...
You were a wonder in friendship:
a few days ago you thanked the magazine *Siempre!*
for your articles, you knew something,
among so much poetry, you also distributed
the gift of life hand over fist,
you knew something
about *life eroded by the air*,
walking with you through the downtown or the streets
of Tacubaya was to ignite the verb,
your house on Martí and the poems, always
the poems, two months ago you told me:
poetry is a conjectural state of life,
you knew something...

CARLOS SANTIBÁÑEZ ANDONEGUI (1954-2018)

Entró la sorpresa hermano,
había muchas cosas en ese escritorio:
tus poemas, el espíritu festivo,
tardes de vida y palabrería;
nuestros ejes viales, las vueltas en U
ante el fracaso y ante nuestro personaje,
bailamos, *no había llegado su orden de*
arrepentimiento…
Aquellos tacos en Quevedo
compartidos con poetas de la generación,
nuestros primeros poemarios,
la ventura de revistas y recitales
siempre al borde de la risa…
pare ese momento
cuando está a punto de abrirse el cielo en dos
los versos que te gustaban los repetías
de manera magistral cantando un chachachá,
el hombre marinero sí se puede casar…
Eras un portento en la amistad:
hace unos días agradecías a la revista *Siempre!*
tus publicaciones, tú sabías algo,
entre tanta poesía, también el don de la vida
lo repartías a manos llenas,
tú sabías algo
sobre *la vida erosionada por el aire*,
caminar contigo por el centro o las calles
de Tacubaya era prender el verbo,
tu casa de Martí y los poemas, siempre
los poemas, hace dos meses me dijiste:
la poesía es un estado conjetural de la vida,
tú sabías algo…

Victor M. Navarro

SKY

Today the sky
under my window
merely spread its wings.

CIELO

El cielo hoy
bajo mi ventana
sólo abrió las alas.

CLARITY

Untimely clarity
oxygenated muse
corner of everyday
I wake up to the sun that does not illuminate
the desperate cries
of an infant who daily
chokes out more uncertainty
communicating vessels in stampede
verses swaying in the abyss
the slope of just one billboard is open
life on the banks
           a swooping
umbrella always as a parachute
the nineteenth-century curtain
of fresh tears and laughter rises
grimaces in the dark
a revived cry
in these lines
you know
the universe is neither finished nor saved.

CLARIDAD

Intempestiva claridad
musa oxigenada
esquina de todos los días
despierto al sol que no ilumina
los gritos desesperados
de un infante que a diario
ahoga más la incertidumbre
vasos comunicantes en estampida
versos que columpian el abismo
se abre la vertiente de un solo espectacular
la vida en las orillas
     de vuelo en picada
paraguas siempre de paracaídas
se levanta el telón decimonónico
de risas y llantos fresquecitos
muecas en la oscuridad
llanto redivivo
en estos renglones
sépanlo ustedes
ni se acaba ni se salva el universo.

CONJECTURE

The hours are false rooms
that we furnish
from dreams of the present
that from the beginning become future.
The now keeps on thinking
that someday...

CONJETURA

Las horas son habitaciones falsas
las cuales amueblamos
con sueños presentes
que iniciando se vuelven futuro.
El ahora es seguir pensando
que algún día...

QUATRAINS

I
Can't achieve the poem—
perhaps only to expect a lukewarm walk,
in lines that now cause you
to navigate in words and life.

II
How to think the unthought
and how to believe what is not believed,
how to drink the undrunk
and how to let go of the past.

CUARTETOS

I
No se puede lograr el poema
acaso esperar un tibio andar,
en líneas que ahora te llevan
en palabras y vida a navegar.

II
Cómo pensar lo no pensado
y cómo creer lo no creído,
cómo beber lo no bebido
y cómo dejar ir el pasado.

FIRST QUATRAIN

A poem will be love
a poem will be pain
a poem will be condemnation
the joy that arrives complete.

PRIMO CUARTETO

Un poema será amor
un poema será dolor
un poema será condena
la dicha que llega plena.

QUATRAIN TWO

At the root I find sustenance
from so much your laughter has given me,
in your voice I swim, I live, I'm going fast
and I'm fed by your being, your talent.

CUARTETO DOS

En la raíz encuentro el sustento
de tanto que me ha dado tu risa,
en tu voz nado, vivo, voy aprisa
y me alimenta tu ser, tu talento.

QUATRAIN THREE

I am amused by language
and pour out so many dimensions
that populating the words and lineage
ends in pure amusement.

CUARTETO TRES

Me divierto en el lenguaje
y vierto tantas dimensiones,
que poblar palabras y linaje
termina en puras diversiones.

QUATRAIN FOUR

In the light the light is lost,
clarity becomes hope—
it's a journey to a sphere
that reality always bites.

CUARTETO CUATRO

En la luz la luz se pierde,
la claridad se vuelve espera,
es un viaje a una esfera
que siempre la realidad muerde.

QUATRAIN FIVE

At night I seek refuge,
at daylight perhaps a contraption,
then I await the surprise
that my voice expresses.

CUARTETO CINCO

En la noche busco refugio,
de día quizás un artilugio,
entonces espero la sorpresa
misma que mi voz expresa.

WAKING UP

I didn't wake up today
I was dreaming about me
and on me
but your lips
bit the reality
and beyond the various orgasms
your ovaries
once again spelled out
the universe.

DESPERTAR

Hoy no desperté
estaba soñando conmigo
y consigo
pero tus labios
mordieron la realidad
y más allá los orgasmos
varios tus ovarios
otra vez deletrearon
el universo.

THE POETRY GAME

To Carlos Santibáñez

Life, roads and deserts
are gatherings
and not dichotomy,
my friend Carlos,
light announces the day,
I miss you in this dance
of making a brotherhood from
words,
of playing with the verb,
with the verse, dare,
and thus letting grow
the name's fame.

EL JUEGO DE LA POESÍA
Para Carlos Santibáñez

La vida, los caminos, los desiertos,
son encuentros
y no dicotomía
amigo Carlos,
la luz anuncia el día,
te extraño en esta danza
de hacer de las palabras
cofradía,
de jugar con el verbo,
con el verso, osadía,
y así dejar crecer
la nombradía.

THE HIDDEN LANGUAGE OF MY TIME

It's like having the wind in my hands
Defoliating the hours of insomnia
A transparency of children's days
The grace of being able to stand up
      and not to close the eyelids of fear
Your body is again a dream
The hidden language of my time.

Riding on the day
I drink your memory in drops
Whiteness that I imagine
Looking sideways
The trembling echo that shelters.

Today the candle of my dreams
Burned all of its ammunition
You at the center
Again
        Still.

EL OCULTO LENGUAJE DE MI TIEMPO

Es como tener el viento entre mis manos
Deshojar las horas del insomnio
Una transparencia de los infantiles días
La gracia de poder incorporarme
     y no cerrar los párpados del miedo
Tu cuerpo es nuevamente sueño
El oculto lenguaje de mi tiempo.

Montado sobre el día
Bebo a gotas tu recuerdo
Blancura que imagino
Mirando de soslayo
Tiembla el eco que cobija.

Hoy la vela de mis sueños
Quemó todos sus cartuchos
Tú en el centro
Nuevamente
        Todavía.

THE CAGED POET PHILOSOPHIZES

Knowledge should be grinded
and reduced to fine powder.
Ezra Pound

I am a fool to make use
of my freedom,
but I would be a scoundrel
if I didn't.

In history, madness and tribulation
diffuse and emerge
like hunger and daily bread,
rapacity is the driving force
of our time.

I went into a confused
overgrowth of vegetation that
invades my days and ideas,
an old gardener knows more than I.

What does universal knowledge aspire to
if not to know man?

I close my doors
I open the waves of imagination
the gaze turns to another sky,
I am still rummaging in the aged
shelves of that history
which is the history of men
those righteous and the mostly unrighteous
even so I cannot learn
to apprehend the world.

EL POETA ENJAULADO FILOSOFA

El conocimiento debe ser molido
hasta reducirlo a polvo fino.
Ezra Pound

Soy un tonto al hacer uso
de mi libertad,
pero sería un canalla
si no lo hiciera.

En la historia, locura y tribulación
se difunden y emergen
como hambre y pan de cada día,
la rapacidad es la fuerza motora
de nuestra época.

He entrado en confusión
el excesivo crecimiento de vegetación
invade mis días y las ideas
un viejo jardinero sabe más que yo.

¿A qué aspira el conocimiento universal
sino a conocer a los hombres?

Cierro mis puertas
abro las olas de imaginación
la mirada se dirige a otro cielo,
sigo hurgando en los añejos
anaqueles de esa historia
que es la historia de los hombres
aquellos justos y los mayormente injustos
aún así no logro aprender
aprehender el mundo.

When one does not know enough
the eyes pass over the page
without seeing it,
darkness in this case
leads to a stupid simplicity.

To exactly name the truth
giving sense to the word
is an act of justice.

Cuando no se sabe lo suficiente
los ojos pasan sobre la página
sin verla,
la oscuridad en este caso
conduce a una estúpida simpleza.

Nombrar exacta la verdad
darle sentido a la palabra
es un acto de justicia.

THE ILLUMINATED POET

I don't envy the actions
of the sacred gods.
Arquíloco

I don't see happiness
I can't find peace
for me today is the storm
the most tortuous day lives in me
the light does not come
I don't even see the end of the tunnel
only the voice of an old Greek poet:
my eyes are far from everything.

EL POETA ILUMINADO

No envidio las acciones
de los dioses sagrados.
Arquíloco

No veo felicidad
no encuentro paz
para mí hoy la tormenta está
el día más tortuoso vive en mí
no llega la luz
ni siquiera el final del túnel veo
apenas la voz de un viejo poeta griego:
de todo están mis ojos alejados.

SHE / YOU

Listen, you who walk in the air
she / you the one I see in my dreams
yes you, the one that inspires
the one that rises in my lakes
again
true and truthfully
very philosophically
I shout it and I repeat it
I love her, but I know:
you are in another port
she's in another door
and I only aspire—
well, a man lives
also by dreams.

ELLA / USTED

Oiga usted que camina en el aire
ella tú la que veo en mis sueños
sí, usted, la que inspira
la que se eleva en mis lagos
otra vez
de veras y veritas
muy filosóficamente
lo grito y lo repito
la amo, pero lo sé:
estás en otro puerto
está en otra puerta
y yo solamente aspiro
bueno, también de sueños
vive el hombre.

Victor M. Navarro

STYLE

In that notebook
That old notebook
I found this
"Life is the search for a style"
—I said to myself: Wilde and his irony on the surface—
Those Adoum, Socrates, Cicero ...
They were unfaithful to mediocrity
Style— life is all about
having style
That is all
and Bukowski shouted too
A style to be the worst
and the best
Style to shipwrecking
to succumb and return alive
Style to take the shit out
of the reality
Style to take the shit out of oneself
Style to throw the best
or the worst of you
As if that was worth something
Style to be
or seem to
Appear
Style to die
with style.

ESTILO

En ese cuaderno
Viejo cuaderno
Me encontré
"la vida es la búsqueda de un estilo"
—me dije: Wilde y su ironía a flor de piel—
Esos Adoum, Sócrates, Cicerón...
Eran la infidelidad a la medianía
Estilo, en la vida se trata
de tener estilo
En eso consiste todo
y también Bukowski vociferó
Un estilo para ser lo peor
y lo mejor
Estilo para naufragar
para sucumbir y regresar vivo
Estilo para romperle la madre
a la realidad
Estilo para romperse la madre
Estilo para arrojar lo mejor
o lo peor de ti
Como si eso valiera algo
Estilo para ser
o parecer
Aparecer
Estilo para morir
con estilo.

ENTRANCE TO TACUBAYA

I lock myself on the top floor of the eclipse
I see the transparency of the butterfly
in the window
in life
underground nectars
sidewalks of this neighborhood
that I sing and celebrate
The great doors
of the barn of life waiting
open to a sarcasm
that doesn't fit
Cross legged
with an eye on an old
substantial alley
according to the oldest building
which stands monumental
and gives Tacubaya its name
with several verbs
that reverberate in memory.

ENTRADA A TACUBAYA

Me encierro en el último piso del eclipse
Veo la transparencia de la mariposa
en la ventana
en la vida
néctares subterráneos
aceras de este barrio
que canto y celebro
Las grandes puertas
del granero de la vida esperan
abiertas a un sarcasmo
que no cabe
Con las piernas cruzadas
la mirada en una vieja
privada sustancial
acorde al edificio más antiguo
que se erige monumental
y le da nombre a Tacubaya
con varios verbos
que reverberan en la memoria.

BORGES / MENARD EVOCATION

The knight of La Mancha rides,
among giants he brandishes his steel.
Of dreams the effigy is postponed,
like a sitting sweetheart is impregnated.
In the daily struggle of the rebellious arbitrary
spirit no fight softens.
So battles become in language
their old wars go through the verse,
that is the only memory, and the universe.
In the sword thrives the daring
of the right hand, virile no-dust and nothing;
the clamor of the verb in his dwelling
grows and enriches itself.
From time to time everything remains,
in the flowery memory there is euphoria.
And that afternoon of yours that was invisible
in its eternity, not in the memory.

EVOCACIÓN BORGES / MENARD

Cabalga el caballero de la Mancha,
entre gigantes su acero blande.
De sueños postergada la efigie,
cual posada dulcinea impregna.
En la lucha diaria del espíritu rebelde
arbitrario ninguna lucha amortigua.
Así en lenguaje batallas convertidas
sus viejas guerras andan por el verso,
que es la única memoria, y el universo.
En la espada persiste la osadía
de la diestra, viril no polvo y nada;
fragor del verbo en su morada
crece y en sí mismo se enriquece.
Tiempo en tiempo todo permanece,
en el recuerdo florido hay euforia.
Y esa tarde tuya que fue invisible
en su eternidad, no en la memoria.

FRACTURE

A distance
scares me—
about myself
it is that I live
and drink
the cynicism
of a fracture
that swells a welt
and behind the curtain
that darkens
laughter lives
death
pretends.

FRACTURA

Una distancia
me espanta
de mí mismo
será que vivo
y bebo
el cinismo
de una fractura
que ámpula levanta
y tras la cortina
que obnubila
la risa vive
la muerte
disimula.

TODAY

As from *The Book of Monelle*
by Marcel Schwob

Do not think about death
because you are dying every day
Do not think about life:
live it the best way possible—
carefully, intelligently,
voluptuously
live every moment fully
and be honest with the moment.
All sincerity that lasts is a lie.

HOY

A partir de *El libro de Monelle*
de Marcel Schwob

No pienses en la muerte
porque a diario estás muriendo
No pienses en la vida:
vívela lo mejor posible
con cuidado, con inteligencia,
con voluptuosidad
vive a fondo cada momento
y sé sincero con el momento,
toda sinceridad que dura es mentira.

ILLUMINATED

The dawn is the mother
of ideas that grow at night,
thus they flourish more, and more and more,
and you know they'll be with you
until they melt into another dawn.

ILUMINADO

La madrugada es la madre
de ideas que crecen en la noche,
así florecen más y más y más,
y sabes que estarán contigo
hasta fundirlas en el otro amanecer.

HORIZON

I have arrived at the distance
at that possible horizon
where I gladly see
that many things
from this world
still
fill me with joy.

HORIZONTE

He llegadc a la distancia
a ese horizonte posible
donde veo con gusto
que muchas cosas
de este mundo
todavía
me llenan de alegría.

POETRY

is unredeemed, she thinks so;
is unconquerable, she manifests it;
is inalienable, for some;
is unexpected, to the few;
is essential and not everyone knows it—
is infinitely infinite ...

LA POESÍA

Es irredenta, ella así lo cree
es inconquistable, lo manifiesta
es irrenunciable, para algunos
es inesperada, con los menos
es imprescindible y no todos lo saben
es infinitamente infinita…

OUTBURST

The word bursts
in its shades of water and light
a convulsion / the verb
wet lips / mirror
changing life / shared moon.
Borges says:
"...the arduous honor of typography".
In the wise lesson
in the halted hour /
a sealed instant
very serene and still /
the poetry bursts.

IRRUPCIÓN

Irrumpe la palabra
en sus tonos de agua y luz
una convulsión / el verbo
labios húmedos / espejo
mudable vida / luna compartida.
Dice Borges:
"…arduo honor de la tipografía".
En la sabia lección
en la hora detenida /
instante sellado
serenísimo e inmóvil /
irrumpe la poesía.

LIPS

Your lips
gates of paradise
they gave me permission.

LABIOS

Tus labios
puertas del paraíso
me dieron permiso.

LAKE

Why didn't you soak
your life
in this lake
that for so long
has
yearned for you?

LAGO

Por qué no fuiste a mojar
tu vida
en este lago
que tanto tiempo
te ha
añorado.

THE WORDS / THE WINDOW

to Mario Santiago Papasquiaro

Words renew the point /
the view zones or numbers that
come forward as if only
sun-turbulent water and many
paths to half intuition /
Thus the black capabilities of
growing in the fingers of the moon
                below zero /
The heat is for the days that have left
        nothing on the back of
          the night's sadness /
the wise one grows on other lips and
      nothing, you know, we deserve /
Perhaps the light in another darkness
a sun or merely the ephemeral
        nut of words soaked
in millionth palpitations of
      the almost amorphous aides-de-camp
of your shadow or my letters /
my heartbeat, my chinks
green markets along minutes
that I do not count because they are the
great open space of all
my words / on this balcony I
        miss the windows.

LAS PALABRAS / LA VENTANA

a Mario Santiago Papasquiaro

Las palabras renuevan el punto /
la vista zonas o números que
se adelantan como si sólo
sol agua turbia y muchos
caminos a media intuición /
Así las negras capacidades de
crecer en los dedos de la luna
                bajo cero /
El calor es para los días que nada han
        dejado en la espalda de la
            noctívaga tristeza /
la sabia crece en otros labios y
        nada, sabes, merecemos /
Acaso la luz en otra oscuridad
un sol o solamente la nuez
        efímera de palabras mojadas
en millonésimas palpitaciones de
        los edecanes casi amorfos
de tu sombra o mis letras /
mis latidos, mis resquicios
tianguis a lo largo de minutos
que no cuento porque son el
gran espacio abierto de todas
mis palabras / en este balcón echo
        de menos las ventanas.

POEMS

Poems are molded into a
world alien to what I think
They grow with other gifts
and other data, the poems
are poems despite
the poems   they are a go and
                       come
and sometimes they don't come
                poems are
creatures full of lust
and transplants
          they are satellites at
     the gates of paradise
They are arrangements from another world
They are the substance of that
which has no substance, or more so
the poems are rare birds
parasites of the circumstance
relays of a broken
elevator
that goes down for a season
in hell

Poems are diurnal
and taciturn keepers
Mirrors with so much power
over the reflected image
They are the naked soul
of anyone and everyone
They are life and its
continuity, they are death
and resurrection

They are the sameness and the
                  seismic

LOS POEMAS

Los poemas se moldean en un
mundo ajeno a lo que pienso
se van creciendo con otras dotes
y otros datos, los poemas
son poemas a pesar
de los poemas   son un ir y
                                        venir
y a veces no llegan
                    los poemas son
criaturas llenas de vigor
y trasplantes
                    son satélites en
        las puertas del paraíso
Son arreglos de otro mundo
Son la sustancia de aquello
que no tiene sustancia, o más
los poemas son aves raras
parásitos de la circunstancia
relevos de un elevador
descompuesto
que baja una temporada
al infierno

Los poemas son vigilantes
mañaneros y taciturnos
Espejos con mucha fuerza
en la otra imagen
Son el alma desnuda
de nadie y de todos
Son la vida y su
continuidad, son la muerte
y la resurrección

Son lo mismo y el
                    sismo

Poems are engines
                    turned on, they are
deserted islands where life
can happen, they are the
way of salvation and
                        death
Poems are the names
of people we never met
They are yesterday, today and
forever, they are the history
of those who have no history, they are
the gale and the cool waterfall
of laughter or humiliation, more
than the species ciphers and always
the poems, ah, the poems!
They are the first and the last option
the council of those who never
                    believed in anyone
They are the pure awakening to
          the many days that
      wait for us or not
They are the joyous count of
the hours back and forth
The poems that today recycle
        my existence are
        nothing and everything
Wicked universes
Uni-verses verses
        Pluri-verses
Verses that sail more
than many swamps
and all of them
grim and swamp-verses
growing on
each of the lines of
my hand and existence.

Los poemas son motores
                    encendidos, son
islas desiertas donde la vida
puede pasar, son la
manera de salvarse y
                    morir
Los poemas son nombres
de gente que nunca conocimos
Son el ayer, el hoy y el
siempre, son la historia
de los que no tienen historia, son
el vendaval y la cascada fresca
de risas o de humillaciones, más
de lo que la especie cifra y siempre
los poemas, ¡ah! los poemas
Son la primera y la última opción
el conciliábulo de quienes no
                    han creído en nadie
Son el puro despertar a los
            tantos días que
        nos esperan o no
Son el alegre conteo de
las horas atrás y adelante
Los poemas que hoy reciclan
            mi existencia son
            nada y son todo
Universos perversos
Versos uni-versos
            Pluri-versos
Versos que surcan más
de muchos pantanos
y todos
torvos y versos
pantanos que crecen en
cada una las líneas de
mi mano y la existencia.

I FEEL GOOD
BUT I FEEL BAD

To Armando

Alármala de tos,
Jaime, Cecilia, Delgadillo,
the same old story
told on the other shore.
I, the greatest stalker of anything,
of females and of everyone
and the most abusive with myself
but always loving
to others,
I declare myself guilty
of being one of the worst
but better than I had expected.

ME SIENTO BIEN
PERO ME SIENTO MAL

Para Armando

Alármala de tos,
Jaime, Cecilia, Delgadillo,
la historia de siempre
contada en la otra orilla.
Yo, el mayor acosador de todo,
de todas y de todos
y el más gandalla conmigo
pero siempre amoroso
con las otras y los otros,
me declaro culpable
de ser de lo peor
pero mejor de lo que esperaba.

SPRING

Your body, woman, unbribable
universe that writes more
than I could dream or think,
it's barely the height
of your ideas
that make you huge.
I would like to enter each of
                              your dreams
in the corners of your life
in that coolness and capacity
of perceiving reality.
Your laugh is a spring
that fills with clarity
many spaces in me,
only in the words I find
the way of saying
that you are simply
all of what a mortal being
could wish for.

MANANTIAL

Tu cuerpo, mujer, insobornable
universo que escribe más
de lo que sueño o pienso,
apenas la estatura
de tus ideas
que te hacen ser inmensa.
Quisiera entrar en cada uno de
                    tus sueños
en los rincones de tu vida
en esa frescura y capacidad
de percibir la realidad.
Tu risa es un manantial
que llena de claridad
varios espacios de mí,
sólo en las palabras encuentro
la manera de decir
que eres sencillamente
todo lo que un ser mortal
pudiera desear.

HONEY WOMAN

My friend, Oscar, says that you are like honey
and he is very wrong
because you are honey
It is true that everyone who sees you
ends up drooling and wants you
Besides, you talk of an endless row
        of aspirants to have you
You wake up the beast that many have inside
and this conveys an almost divine feeling
I'm not a girl, you say, *but of course I like to
let men watch me*
Your passion is classical music and love is your reason
for existence
You are pure instinct unleashed in that contagious laughter
Jumping eyes venturing a world war
of caresses
The universe of your body deserves a thousand explorations
and in rivers of sweat I would like to sail with you
clinging to your lips like a castaway
who in your bush has found the island to live on
holding onto your nipples today forever and ever
You inspire poems and erections
words and words
But the truth is, I only think of your lips
and of depositing my dreams and my semen in you.

MUJER DE MIEL

Mi amigo Óscar dice que eres como la miel
y se equivoca rotundamente
porque tú eres la miel
Es cierto que todo aquel que te ve
termina babeando y quiere contigo
Además platicas de una fila interminable
                de aspirantes a tenerte
Despiertas la bestia que muchos traen dentro
y esto conlleva una sensación casi divina
No soy una muchacha, dices, *pero claro que me gusta*
que me vean los hombres
Tu pasión es la música clásica y el amor tu razón
de existir
Eres puro instinto desatado en esa risa de contagio
Ojos saltarines que aventuran una guerra mundial
de las caricias
El universo de tu cuerpo merece mil exploraciones
y en ríos de sudor quisiera navegar contigo
ciñéndome a tus labios cual náufrago
que en tu pubis encontró la isla para vivir
asido a tus pezones hoy por siempre y para siempre
Inspiras poemas y erecciones
palabras y palabras
Pero la verdad solo pienso en tus labios
y depositar mis sueños y mi semen en ti.

NON-FRIENDS

I don't need enemies,
I have enough with my friends' hate.

I, who have had friends
of all types and
everywhere / who have given
confidence to many
and long hours of my life /
I, who have yearned so much
to earn a place in
the affection of others
whom I have called friends /
I have used much
gadgetry to make them,
my friends,
love me and be
my friends /
I, who have managed
to catch the gaze
of those I admire,
and who delivered along
the years the best of
wishes /
today I reckon
my loneliness
and I receive with some
unrest
the rotten image
of my non-friends,
of my non-affections...

NO AMIGOS

No necesito enemigos,
con el odio de mis amigos basta.

Yo, que he tenido amigos
de todas layas y en
todas partes / que a muchos
he brindado confianza
y extensas horas de mi vida /
Yo, que tanto he querido
ganarme un lugar en
el afecto de los otros
a los que dije amigos /
He intentado muchos
artilugios para que ellos
—mis amigos—
me quieran y sean
mis amigos /
Yo, que he logrado
apresar la mirada
de los que admiro,
y entregué durante
años el mejor de
los deseos /
hoy doy cuenta de
mi soledad
y recibo con cierto
desasosiego
la imagen putrefacta
de mis no amigos,
de mis no afectos…

I DIDN'T WANT TO

Today I didn't want to see you
                 nor yesterday
The grayness of your gaze went through
the useless shape of the almond tree
I express my heart with common
                      blemishes
The lukewarm sun melting the
              three kindnesses that
                 are still left in me
I say sun and everything darkens
          it's time to pull down the curtain
                   of the proper names.

NO QUERÍA

Hoy no quería verte
                 tampoco ayer
El gris de tu mirada penetró
la inútil forma del almendro
Digo mi corazón con lunares
                    comunes
El tibio sol derritiendo las
               tres bondades que
                 me quedan
Digo sol y todo se oscurece
           es hora de bajar la cortina
               de los nombres propios.

NIGHT / MIRROR

The innumerable river of days...

Borges

The night is not a night
it is a figure melting into
the dreams that melt
the mirror-reality that
is not real but just a maze
that night and mirror
feed to the darkness
which is not such but light
and lights up another space
that does not take place
but light that darkens
the shadows and the named.

NOCHE / ESPEJO

> *El río innumerable de los días…*
>
> Borges

La noche no es noche
figura que se derrite en
los sueños que derriten
la realidad espejo que
no es real y sólo laberinto
que noche y espejo
alimentan la oscuridad
que no es tal sino luz
y alumbra otro espacio
el cual no ocupa sitio
sino luz que oscurece
la sombra y lo nombrado.

PAGE

The page is like the sea
the surges of the sheet
the paper in full bloom of words
of inked feelings
of foundations
clinging to the shore
gale or storm
the demanding page
that snatches
takes your breath away
fills you with pustules
infects you rapes you
and when the sea is calm
the page loves you more than anyone.

PÁGINA

La página como mar
las oleadas de la hoja
el papel a flor de palabra
de tintas sentimientos
de cimientos
agarrados a la orilla
vendaval o tempestad
la página exigente
que arrebata
te quita la respiración
te llena de pústulas
te infecta te viola
y cuando la mar es calma
la página te ama más que nadie.

FOR NO ONE ONLY IN YOU

I am not here for anyone
just your eyes and your lips
today they are my cardinal points
and I realize now
that I am staging
with all my feelings
five-track actors
a curtain that gives way
to the rain of my kisses
and my verses
in all your existence
that's why nobody
only you
with you.

PARA NADIE SÓLO EN TI

No estoy para nadie
nada más tus ojos y tus labios
hoy son mis puntos cardinales
y me doy cuenta ahora
que tengo una puesta en escena
con todos mis sentimientos
actores de cinco pistas
telón que da paso
a la lluvia de mis besos
y mis versos
en toda tu existencia
por eso nadie
sólo tú
contigo.

Victor M. Navarro

A WALK THROUGH SCHMALTZ

I don't know what to do if I don't see you
you are the honey in my coffee
the dawn of my new day
that sun that fills my pupils
you're the cutest
and most precious song
of this romantic existence
of my dancing under the stars
of my red roses on Valentine
the accurate Cupid's arrow
and everything threatens to be
marshmallow and
a sugary poem
terribly prostrated
before a love exceeded
by its own
well assumed candor.

PASEO POR LO CURSI

No sé qué hacer si no te veo
eres la miel de mi café
la madrugada de mi nuevo día
ese sol que llena mis pupilas
eres la canción más cursi
y más preciada
de esta romántica existencia
de mi baile bajo las estrellas
de mis rosas rojas en San Valentín
la flecha certera de cupido
y todo amenaza con ser
la melcocha y
un poema de azúcar
terriblemente postrado
en un amor rebasado
por su propia candidez
bien asumida.

Víctor M. Navarro

NO POEM

That poem that I never wrote
that poem was not and was not there
The poem that always was never
the unwritten, the one that is not
and is barely a suggestion, grows on
the *no* and what is not or did not happen
That poem that awaited the
next line and didn't become
     words and is not
that poem that is and is not
to whom the voices give it away they
spell it, they make it letter
or letters or nothing, which is everything
That poem that I invoke today
and I see rolling by the three
top positions of
what I am not
That poem that claims today
       for me
I leave it out in the open
Poetry took a pill
and slept as if no one
would need her.

POEMA NO

Ese poema que nunca escribí
ese poema no era y no estaba
El poema que siempre fue nunca
el no escrito, el que no es
y apenas sugerencia crece en
el no y lo que no es o no se dio
Ese poema que esperaba la
línea seguida y no se hizo
            palabras   y no es
ese poema que está y no está
que las voces lo delatan lo
deletrean, lo hacen letra
o letras o nada, que es todo
Ese poema que hoy invoco
y lo veo rodar en las tres
primeras posiciones de
lo que no soy
Ese poema que hoy me
              reclama
lo dejo a la intemperie
La poesía se tomó una pastilla
y durmió como si nadie la
hubiera requerido.

MINIPOEM I

The verse to fly does exist:
just look at the eyes
of a beautiful woman.

POEMÍNIMO I

El verso volar sí existe:
basta ver los ojos
de una mujer bella.

LOST

I am no longer
he who dies or revives
in each verse,
I have lost my own ability
of not being myself
That's why I tremble, I get up,
I respect what was yesterday.
And I get complicated,
for sure...

I love, I know, the illusion,
the possibility of loving where
each of my acts dies
but the curtain is falling,
I just breathe in a different
lens magnifying
not frivolity
but yes, the memory of someone
that does not exist for you
or for me
or it's the same.

PERDIDO

Ya no soy
el que muere o revive
en cada verso,
perdí mi propia capacidad
de no ser yo
Por eso tiemblo, me levanto,
respeto lo de ayer.
Y me complico,
es cierto…

Amo, lo sé, la ilusión,
la posibilidad de amar donde
muere cada uno de mis actos
pero el telón está cayendo,
sólo respiro en diferente
lente que aumente
no la frivolidad
sí el recuerdo de alguien
que no existe para ti
o para mí
o es lo mismo.

Víctor M. Navarro

SURREALIST POEM WITH HIGH INDICATIONS OF A FLEETING LOVE THAT LET ITS BAROQUE WORLD GROW INTO YOUR BEING

Thus do the moments write in the warm air of
the pen that flies in every way
Direction and sensation with every pulse
Now distance doesn't count but it sings your name
that names me, baptizes me and revives...
    With the letters that with so much love outside and
        inside in the open I need
          to write your name even when it is
        recorded in each of my acts
You are the stage that becomes verb
a flight before the necessary uncertainty
that with you I have managed to sail through the day
    night and all the itinerary conjugated in our
history, bodies that recreate the sensation
    of infinity in every light or voice because I know
        That your words will be for
            ever and ever...amen
                And we love each other
here on earth as in heaven (orgasmic
    definition of open spaces that
        we create flooded with sweat and fountains
        sprouting life)
Today my eyes are only for your eyes.

P.S. This afternoon as the rain came from
      the West, the sun of your gaze
      invented the rainbow of your games, your
        laughs, your kisses on my pupil magnetized
            by your name.

POEMA SURREALISTA CON ALTOS INDICIOS DE UN AMOR EN FUGA QUE DEJA CRECER SU BARROCO MUNDO EN TU SER

Así los momentos escriben en el aire tibio de
la pluma que vuela en todos los sentidos
Dirección y sensación a cada pulso
Ahora la distancia nada cuenta pero canta tu nombre
que me nombra, bautiza y revive…
    Con las letras que tanto amor fuera y
        dentro de la intemperie necesito
        escribir tu nombre aún cuando grabado
        está en cada uno de mis actos
Resultas el escenario que se vuelve verbo
vuelo ante la necesaria incertidumbre
que contigo he logrado surcar el día
    noche y todo itinerario conjugado en nuestra
historia, los cuerpos que recrean la sensación
    de infinito en cada luz o voz porque sé
        Que tus palabras estarán por los
        siglos de los siglos…amen
            Y nosotros nos amamos
aquí en la tierra como en el cielo (orgásmica
    definición de los espacios abiertos que
        creamos inundados de sudor y fuentes
        brotantes de la vida)
Hoy mis ojos sólo son para tus ojos.

P.D.   En esta tarde que la lluvia llegó de
        occidente, el sol de tu mirada
      inventó el arcoíris de tus juegos, tus
        risas, tus besos en mi pupila imantada
            de tu nombre.

MINIPOEM II

Today I've decided
that my words
will be nothing else
but words.

POEMÍNIMO II

Hoy he decidido
que mis palabras
sean nada más
palabras.

POETRY

Poetry
in two ways
word magic
sharp destiny
poetry fate
maybe alchemy
or interlude
to the end of existence
above the word
name assigned
wonder of the world
understood like this
poetry
the sign of everything
creative mud
only the word
the divine verb
the verb
became.

POESÍA

Poesía
en doble sentido
palabra magia
agudo destino
poesía designo
quizá entelequia
o interludio
a fin existencia
sobre la palabra
nombre decidido
del mundo el asombro
así entendido
poesía
el signo del todo
el barro creativo
sólo la palabra
el verbo divino
el verbo
devino.

PROSTRATED

Prostrated before love
before the image of love
before the verb of love
before the mad river of love
before the sap of love
before the love that I love love
before the conjugated word love
I am lost again and I love
love more than anything.

POSTRADO

Postrado en el amor
en la imagen del amor
en el verbo del amor
en el río loco del amor
en la savia del amor
en el amor que amo amor
en la palabra conjugada amor
otra vez me pierdo y amo
más que nada al amor.

ATTACHED / CHARMED

I'm attached
to life
like a pin
to my dearest
garment.

PRENDIDO / PRENDADO

Estoy prendido
a la vida
como alfiler
a mi prenda
más querida.

FIRST VISION

Standing in me
Holding on in me   I suspend any action
Alone   before the thought of repeating the world
head-on I only realize
            by the tail and not by impatience
with my two eyes that portray the face
a gentle agreement always runs through me
Two eyes
one who watches sunsets   people
worlds passing by at different rates and intensities
trees   buildings   faces in streets meander
beyond the multicolored screen that reflects
small immensities gifted by life
Another one looks inside
delves every day into the depths of my history
checking the minutes that shake existence
intermittent void in concepts   in images
lines where I read each of my acts
substantial relief from what I don't have
a huge cathedral inhabited by truths
Today all of my names name me here.

PRIMERA VISIÓN

Parado en mí
Detenido en mí   suspendo toda acción
Solo   ante la idea de repetir el mundo
de frente únicamente me percato
           por el caudo y no la impaciencia
con mis dos ojos que retratan el rostro
apacible contubernio me recorre siempre
Dos ojos
uno que ve atardeceres   gente
mundos que pasan a diferentes ritmos e intensidades
árboles   edificios   rostros en calles serpentean
más allá de la pantalla multicolor que refleja
pequeñas inmensidades regaladas por la vida
Otro que ve hacia dentro
escarba diario en lo más profundo de mi historia
revisa los minutos que cimbran la existencia
nada intermitente en conceptos   en imágenes
renglones donde leo cada uno de mis actos
relevo sustancial de lo que no tengo
enorme catedral que habitan las verdades
Hoy me nombran aquí todos mis nombres.

BEGINNING

At the beginning the word is not enough
to name   that feeling
    where skin is language and
  minutes form another universe
    Time is no longer the same
    Now a new calendar rules
my acts and life itself
This sea where I sail justifies itself
    By always reaching your port
                  and your door.

PRINCIPIO

Al inicio la palabra no es suficiente
para nombrar   esa sensación
    donde la piel es lenguaje y los
 minutos forman otro universo
    Ya el tiempo no es el mismo
      Ahora un nuevo calendario rige
mis actos y la vida misma
Se explica este mar donde navego
    Para siempre llegar a tu puerto
                          y a tu puerta.

RAY BRADBURY DIXIT

Here lies and is born Ray
here Bradbury loves life
because he is a poet he lives forever
he is our civilization and what we learn—
he is the most extensive library of life
he is the love of life and its volumes
Forever to open and read one of his pages
you become him and he becomes
each one of us
he teaches you to love life
                             books
and because of this to love mankind
              in the greatest act of possible justice
reading makes us all equal
Love makes us readers of equality
of life and of knowing others

Full existence only depends on a
truth: love what you do and do
what you love
equal to equals
best fight is the labor of love
the love of neighbor supports what
you read and write
best fight is by thought
reflection   writing
we love what we write
we write what we love
man is the center of the letter
writing and life

Love those who like yourself
love life
                love books
love writing.

RAY BRADBURY DIXIT

Aquí yace y nace Ray
aquí Bradbury ama la vida
porque es un poeta vive para siempre
es nuestra civilización y lo que aprendemos
es la biblioteca más enorme de la vida
es el amor a la vida y la biblioteca
Por siempre al abrir y leer una de sus páginas
te convierte en él y él se convierte
en cada uno de nosotros
te enseña a amar la vida
                              los libros
y con esto a los hombres
                  en el mayor acto de justicia posible
la lectura nos vuelve a todos iguales
el amor nos vuelve lectores de igualdad
de la vida y el conocer a los demás

El existir pleno sólo depende de una
verdad: ama lo que haces y haz
lo que amas
igual a los iguales
la mejor lucha es el trabajo por amor
el amor al prójimo sustenta lo que
lees y escribes
la mejor lucha es por medio del pensamiento
la reflexión   la escritura
amamos lo que escribimos
escribimos lo que amamos
el hombre es el centro de letra
la escritura y la vida

Ama a los que como tú
aman la vida
                  aman los libros
aman la escritura.

BREATHE...BREATHE

Breathe, breathe
that someday your nourishment will be
the insane way of conquering someone
breathe, breathe
because in the future someone will love you
despite the trash on this street
breathe, breathe
because the frantic boomerang will come
with two ideas beyond paradise
breathe and other elements will recognize
the night.

RESPIRA…RESPIRA

Respira, respira
que algún día tu alimento será
la enferma manera de conquistar a alguien
respira, respira
porque en el futuro alguien te amará
a pesar de la basura en esta calle
respira, respira
porque el frenético bumerang llegará
con dos ideas más allá del paraíso
respira y otros elementos reconocerán
la noche.

RAY BRADBURY TWO

I'm in Bradbury
his books and his infinite ways
of seeing the infinite in man
the word the library
the life the thought
the books burn in life.

RAY BRADBURY TWO

Estoy en Bradbury
sus libros y su infinita manera
de ver lo infinito del hombre
la palabra la biblioteca
la vida el pensamiento
los libros arden en la vida.

Victor M. Navarro

PUN
TO A HOT GREEK POET

> *When death is closer*
> *man seeks games and loves.*
> Ovid

I also like you,
go crazy among girls
Their warm smell perfumes everything
Her humidities are part
      of internal tremors
and then I stick to
      what life gives me
the words and the islands
I sail daily aboard my vessels
to the most erotic passions
verses and dreams in the quiver
"But of what use
are weapons on the outside
if the war is on the inside? "

RETRUÉCANO
A UN POETA GRIEGO CALENTURIENTO

Cuando más se acerca la muerte
juegos y amores busca el hombre.
Ovidio

Yo también como tú,
enloquezco entre las niñas
Su tibio olor perfuma todo
sus humedades son parte
      de temblores interiores
y entonces me ciño a
        lo que me da la vida
las palabras y las islas
en mis navíos surco diario
a las más eróticas pasiones
versos y sueños en el carcaj
"Pero ¿de qué provecho
son las armas por fuera
si la guerra es por dentro?"

PAZ PUN

Light burst
sweet fire
in those looks
what I have
and do not have
your words
in that always
contradiction
between the purest
beautiful
or only
or lonely
a surrender to the verb
and its many
consequences.

RETRUÉCANO PAZ

Estallido de luz
dulce fuego
en esas miradas
lo que tengo
y no tengo
tus palabras
en esa siempre
contradicción
de lo más puro
bello
o solamente
o solamante
la entrega al verbo
y sus muchas
consecuencias.

ALWAYS DAYS

I renew the buildings of my existence /
the gaze beyond the gaze /
the folders and the leafless notebook /
little is left of my reluctance /
that rented flat and its mould /
the room furnished with memories /
the twelve-year-old girl of whipping kisses /
the neighborhood's wretched cabaret and waiters /
the infinite drunkenness of the poem /
this gray hair that is not because of holding back desire /
incipient serpentine death /
and the days always the days.

SIEMPRE DÍAS

Renuevo los edificios de mi existencia /
la mirada más allá de la mirada /
los cartapacios y la libreta deshojada /
de mi renuencia poco queda /
aquel piso alquilado y sus cochambres /
el cuarto amueblado de recuerdos /
la niña de doce años látigo de besos /
el cabaret de medio pelo y meseros del barrio /
la borrachera infinita del poema /
estas canas que no son de ganas /
incipiente muerte serpentina /
y los días siempre los días.

I ALWAYS THOUGHT

I always thought that invention
short steps and a love that today
                    fills me up and takes me
I always thought that better
a smile to navigate with
                    and be anchored by
I always thought that memory
in that sculpture is everything and
                    even more time
                              halted
I always thought that love
and today I feel burn each
of my jugular veins... always.

SIEMPRE PENSÉ

Siempre pensé que la invención
los pasos breves y un amor que hoy
              me llena y me lleva
Siempre pensé que lo mejor
una sonrisa para navegar
             y ser anclado
Siempre pensé que la memoria
en esa escultura está todo y
              más aún el tiempo
                   detenido
Siempre pensé que el amor
y hoy me arden cada una
de mis yugulares…siempre.

SOLITUDE

Framed
dissolute
light is absolute
it merely asks
from darkness
a little space
and then
spreads its wings
to illuminate
all spheres
and souls.

SOLITUD

Enmarcada
disoluta
la luz es absoluta
sólo le pide
a la oscuridad
un poco de espacio
y entonces
abre sus alas
para iluminar
toda esfera
y las almas.

DREAM / MIRROR

I will refer to the dreams
where guilt is not law, nor life
Borges says: *slight creature*
made of a bit of memory
Thus, the nights do not give peace to
my anger, and the auroras are hardly
the crystals of the cry of Quevedo;
a mirror reflection in melted snow
that moves us more to cry than to see
the full light, the violent essence
the buildings of your story
The voice enters and again draws
that presence,
it is the liquor you waited for
to heal the existence
hangover.

SUEÑO / ESPEJO

Referiré los sueños
donde la culpa no es ley, ni vida
Dice Borges: *leve criatura*
hecha de un poco de memoria
Así, las noches no dan paz a
mis enojos, y las auroras apenas
cristales de un llanto de Quevedo;
reflejo del espejo en nieve derretida
que más nos lleva a llorar que ver
esa luz plena, la esencia violenta
los edificios de tu historia
La voz entra y dibuja
nuevamente esa presencia,
es el licor que esperabas
para sanar la cruda
existencia.

I AM

Listen Víctor, you know, the only thing
you know, you are going to die
soon or not soon
you are going to die, and that is
irreparable, it is the only
truth, it is what you have,
it is your future kiss
Today I wonder, Víctor,
you will die, you will not be,
there is no turn of
sheet in that, no memo
although it is written
Víctor, you are going to fly,
you will be one more figure of
the sky and of nostalgia
You will be, perhaps, the best
memory of what you are no longer...

SOY

Oye Víctor, sabes, lo único
que sabes, vas a morir
pronto o no pronto
vas a morir, y eso es
irremediable, es la única
verdad, es lo que tienes,
es tu beso futuro
Hoy me pregunto, Víctor,
morirás, no estarás,
en eso no hay vuelta de
hoja, no hay memorándum
aunque escrito está
Víctor, vas a volar,
serás una figura más del
cielo y la nostalgia
Serás, acaso, el mejor
recuerdo de lo que ya no eres…

EARTHQUAKE

The street trembles, the earth speaks
in this circumstance the fear
touches many realities
that are one
my fragility is greatness
and I run, and I take refuge in
myself but always
in others, and I turn,
the wires electrify
every possible expression,
a hug could redeem me
of so much surrender.

TERREMOTO

La calle tiembla, la tierra habla
en esta circunstancia el miedo
palpa varias realidades
que son una
mi fragilidad es grandeza
y corro, y me refugio en
mí mismo, pero siempre
en los demás, y volteo,
los cables electrizan
toda posible expresión,
un abrazo podría redimirme
de tanta rendición.

YOUR LIPS, MY WAY
OF NAMING THE WORLD

If the afternoon would extend in its arms
      the blue or reds of a spasm
            that suggests in your eyes a way
          of being closer

          I couldn't believe those
              cardinal points or signs
     were in another heaven than in your face
               and the universes that
        I discover in them with the
             promptness of a kiss in
     the continuous spring of
          your lips that today have
    always been part of my way of naming the
               world.

TUS LABIOS MI MANERA
DE NOMBRAR EL MUNDO

Si la tarde en sus brazos extendiera
    el azul o los rojos de un espasmo
        que sugiere en tus ojos una forma
      de estar más cerca

      No pudiera creer que los
         puntos o signos cardinales
  estén en otro cielo que no tu rostro
          y los universos que
     en ellos descubro con la
         prontitud de un beso en
    el manantial continuo de
      tus labios que son desde
  siempre hoy parte de mi manera de nombrar el
        Mundo.

VARIATION

I love love what I love,
I love what I love love,
I love more what I love the most,
I love to love the love I love,
I love what I love to love.

VARIACIÓN

Amo amor lo que amo,
amo lo que amo amor,
amo más lo que más amo,
amo amar el amor que amo,
amo lo que amo amar.

VELARDIANA

I'm about to write
a diaphanous poem
that wears you
like a headband
and to succumb to the haunted
verb
but I carry your love
as a padlock
it won't let me fly
it has me tied
to what I want to say
and I rhyme aside
from that all
which is born from your bosom
and in that warm happening
I abandon myself fully.

VELARDIANA

Estoy a punto de escribir
diáfano poema
que te lleve a ti
como diadema
y sucumbir al verbo
encantado
pero llevo tu amor
como candado
no me deja volar
me tiene atado
a lo que quiero decir
y rimo ajeno
a todo aquello
que nace de tu seno
y en ese tibio acontecer
me dejo pleno.

BESIDES

Today I love you too,
Navarro, and I hate you and don't
need you and I forget you
and all
Also today
I hope you won't arrive or yes
I hope you die
for being a bastard a liar
because yes
I hope you don't name me
even if it's you
So you think you live or drink
And you give yourself
and…
always and
you come back only to bribe
yourself and spit
because life is that
to spit on oneself
although one also deserves it.

Y TAMBIÉN

Hoy también te amo a ti
Navarro y te odio y no
te necesito y te olvido
y todo
Hoy también
espero que no llegues o sí
que te mueras
por cabrón por mentiroso
porque sí
espero que no me nombres
aunque seas tú
Por eso crees que vives o bebes
Y te entregas
y…
siempre y
regresas para sólo sobornarte
a ti mismo y escupir
porque la vida es eso
escupir sobre uno mismo
aunque también se lo merezca.

II.

VERSES I DREAMED OF
VERSOS QUE SOÑÉ

What are you looking for, stubborn thought,
merciless minister of my folly—
invisible martyrdom, dark shadow,
fatal persecution of suffering?

¿Qué buscas, porfiado pensamiento,
ministro sin piedad de mi locura,
invisible martirio, sombra obscura,
fatal persecución del sufrimiento?

FRANCISCO DE QUEVEDO

Love is in the flesh shredded by thirst,
in the tiny thatched hut struggling against the flood;
love is in the pits where the serpents of famine writhe,
in the sad sea where the dead gulls drift
and in the obscurest kiss bristling beneath the pillows.

El amor está en las carnes laceradas por la sed,
en la choza diminuta que lucha con la inundación,
εl amor está en los fosos donde luchan las sierpes del hambre,
en el triste mar que mece los cadáveres de las gaviotas,
y en el oscurísimo beso punzante debajo de las almohadas.

FEDERICO GARCÍA LORCA

CÉSAR MORO ON THE EQUESTRIAN TURTLE NAVIGATES POETRY

I love love
with all its consequences
the afternoon of your blouse and cheeks
deep in me and always
the all or nothing
your hand on my knee
your knees in my hand
and that body part
that always looks behind me
for the zipper
and from your lust
and mine
the outburst at the appointed time
and your saliva in mine
and your mouth in mine
kisses in the open
and your breasts and my hands
on the scale of one to ten
I win
at every orgasm
forever conceived
I portray myself in your little oval
and your hand deserves
the favors of that sky
whose wet truths
summon us
mouth to mouth
verse by verse
your waist is the only
measure of this double step
to your cave
of cheers and omens.

CÉSAR MORO EN LA TORTUGA ECUESTRE NAVEGA POESÍA

Amo el amor
con todo y consecuencias
la tarde de tu blusa y tus mejillas
muy en mí y siempre
el todo por el todo
tu mano en mi rodilla
tus rodillas en mi mano
y esa parte de cuerpo
que siempre me busca
atrás el zíper
y desde tu lujuria
y la mía
el arrebato a la hora indicada
y tu saliva en la mía
y tu boca en la mía
besos bajo la intemperie
y tus senos y mis manos
en la escala del uno al diez
salgo ganando
en cada orgasmo
por siempre concebido
me retrato en tu ovalito
y tu mano merece
los favores de ese cielo
que húmedas verdades
nos convoca
boca a boca
verso a verso
tu cintura es la única
medida de este paso doble
hasta tu cueva
de vivas y presagios.

AT THE TOMB OF THE UNKNOWN POET

No one ever read any of his
verses
not a single poem
No one noticed
he loved to the excess
and through his words the sun passed
He had no lovers or followers
but one day a dog peed on him
and he lived happily with his poems
that nobody ever knew.

EN LA TUMBA DEL POETA DESCONOCIDO

Nadie leyó jamás alguno de sus
versos
menos sus poemas
Nadie se dio cuenta
que amaba hasta la desmesura
y en sus palabras se calaba el sol
No tuvo amantes ni seguidores
pero un día un perro sí lo orinó
y vivió feliz con sus poemas
que nadie conoció.

ABOUT TO

I'm about to write the great poem,
that of immaculate verb,
precise in giving names
That of an infinite tenderness unleashed
the best metaphors
hanging around the heart, that pump
of constant electricity
Blessing words the
petals of all matter
and entering through the consciences like a
camel through a needle's eye
A poem that synthesizes the universe
and is the sublime algebra of
all conceived emotions
The great poem of my life,
but I'm missing one ingredient
Your lips penetrating
my existence.

A PUNTO

Estoy por escribir el gran poema,
ese de inmaculado verbo,
exacto en su nombrar
De una ternura infinita desatada
las mejores metáforas
rondando el corazón, esa bomba
de electricidad constante
Bendecir con la palabra los
pétalos de toda materia
y atravesar conciencias como un
camello cruzando el ojo de una aguja
Poema que sintetice el universo
y sea álgebra sublime de
todas las emociones concebidas
El gran poema de mi vida,
pero me falta un ingrediente
Tus labios penetrando
mi existencia.

I AWAKE

Wisdom is based only on truth.
Goethe

I awake, the morning is wings
and claws making shreds of
my dreams, then I inhabit my
words and I stir myself, or I return
to a voluntary enclosure induced
by the beasts that overwhelm this century,
I read the news, I find out they are the eternally
superior and dominant race,
the murderers of history,
of all our stories,
to sow injury
and the eternal fatality of fear ...
I can only pray poetry and Lezama
saves me: *The night was a clock /
not for time / but for light.*

DESPIERTO

La sabiduría se cifra únicamente en la verdad.
Goethe

Despierto, la mañana son alas
y son garras que hacen jirones
mis sueños, habito entonces mis
palabras y me revuelvo, o vuelvo
a un encierro voluntario propiciado
por las bestias que avasallan este siglo,
leo noticias, me entero son la raza
eternamente superior y dominante,
los asesinos de la historia,
de todas nuestras historias,
para dejar sembrada injuria
y la eterna fatalidad del miedo…
me queda rezar poesía y Lezama
me salva: *La noche era un reloj /
no para el tiempo / sino para la luz.*

TO THE POEM

Today's poem caught the pandemic
and said *pandemons!*
It put on a mask
and no one could silence it;
the secretary of health
became hieratic — he wanted to put
the poem in a quarantine,
but you know how
poems behave. It confronted officials,
heads of state and even presidents,
the secret brotherhoods of world power
and puppets that accompany them;
it openly bragged to them:
you all have peeled away my metaphor
so it went to its home, language.

AL POEMA

Al poema de hoy le dio pandemia
y dijo ¡pandemonios!
Se fue a poner un tapabocas
y nadie lo pudo callar;
el secretario de salud
se puso hierático, quiso poner
al poema en cuarentena,
pero ya saben ustedes cómo
es el poema, confrontó a funcionarios,
jefes de estado y hasta presidentes,
cofradías secretas del poder mundial
y títeres que los acompañan;
les dijo abiertamente:
a mí me pelan la metáfora
y se fue a su casa, el lenguaje.

& POETRY UNTIL

To Mario Santiago

From the borderlines the infra shakes his tie & he lets
antibody particles scatter to fertilize the
microorganisms that aim to destroy the species where
we inhabit centuries ago outbreaks of evil & an unfinished
species of poets & night dogs scratching themselves with
their own verses & suppurating beer foam & spirits
POEtically filled with Baudelaire at every Rimbaud
of life & this is how to inoculate and they inoculate those who read
them & all exterminating angels lock themselves in a room with
gates to the country & they play heads or tails & repel the virus &
drench themselves in pandemic on an afternoon crammed with
words those same ones that will change their sense of life
infected resist infected they live infected they write
& hit the road with Parker's sax solos & an infinity
series of Picassos in the bags to see the world burn
shining in the pupils of a girl of fifteen
with honey in their mouths hors d'oeuvres by Paul Éluard
& many many multicolored jams
after the burnt offering.

& LA POESÍA HASTA

Para Mario Santiago

Desde los confines el infra se sacude la corbata & deja
se esparzan partículas de anticuerpos para fecundar los
microorganismos que pretenden acabar con la especie donde
habitamos de hace siglos brotes de maldad & una especie
inconclusa de poetas & perros noctívagos que se rascan con
sus propios versos & supuran espuma de cerveza & licores
que POEticamente se llenan de Baudelaire en cada Rimbaud
de la vida & así se inocula e inoculan a quien los lee & todos
angelotes exterminadores se encierran en una habitación con
puertas al campo & juegan volados & repelen al virus & se
mojan de pandemia en una tarde abarrotada por las palabras
las mismas que habrán de cambiar su sentido de la vida
infectados resisten infectados viven infectados escriben
& salen a los caminos con solos de sax de Parker & una infinita
sucesión de Picassos en las bolsas para ver arder el mundo
brillando en las pupilas de una niña de quince
con miel en la boca bocadillos de Paul Éluard
& muchas muchas confituras multicolores
después del holocausto.

ODYSSEUS REMASTERED

The muses meet
in a glow, on a fire
The sonorous voices of heralds
sing the adventure of love
on the hills of existence
The poet discovers in the shanty town
his neighborhood's muse
A love surrounded by minions
and two or three local thugs
Like Ulysses the one with the verbiage
he is not intimidated in battle
Everyday the fifth patio
is all songs and battles in between
And he sails to his Ithaca
to tender lips like palace juice
never lifeless he tastes the sweetened voice
of the one that fills him with all life
There are cyclops, spears and mermaids
seeking to stop his journey
but the warrior
knows his love is
praying for his return.

ODISEO REMASTERIZADO

Las musas salen al encuentro
de un resplandor, de un incendio
Los heraldos de voz sonora
cantan la aventura del amor
en las colinas de toda existencia
El poeta descubre en la vecindad
a la musa de su barrio
El amor rodeado de esbirros
y dos o tres matones de la colonia
Como Ulises el del palabrerío
no se amedrenta en la batalla
A diario el quinto patio
son canciones y batallas de por medio
Y navega a su Ítaca
tiernos labios como jugo de palacio
nunca exánime prueba la voz edulcorada
de aquella que le llena toda vida
Son lanzas, cíclopes y sirenas
que buscan detener su viaje
pero el guerrero
sabe que su amor está
recitando su regreso.

Victor M. Navarro

DIARY

One day I looked into the world and I was not there.

Sprüch

My diary is my daily
poem, the last
the first
the daily one
Lines
The crime that I hold
and tires me, overwhelms me
destroys me, creates me
subdues me, loses me
clear in all clarity
it surrounds me like a nebula
and dictates these syllables
that need me
in their possibility
of being a diary,
daily more words
less words
words…
and I'm late, very late
to my daily diary
I am the last of me.

DIARIO

Un día me asomé al mundo y no estaba yo.
Sprüch

Mi diario es mi poema
a diario, el último
el primero
el de a diario
Renglones
Ese crimen que sostengo
y me cansa, me agobia
me destruye, me crea
me subyuga, me pierde
claro en toda claridad
cual nebulosa me circunda
y dicta estas sílabas
que me necesitan
en su posibilidad
de ser diario,
a diario palabras más
palabras menos
palabras…
y llego tarde, muy tarde
a mi diario de a diario
Soy el último de mí.

PHILOSOPHY

And I ask myself
I always ask myself
why me and no other
and I answer myself
I always answer myself
because you are in you
and you don't get out of there
or so you think
when on the road
you don't find yourself
and you ask for you
no one answers you.
Not even you
knows where you are
you look for a mirror
to know if you exist
and someone else is looking at you.

FILOSOFÍA

Y me pregunto
siempre me pregunto
porqué yo y no otro
y me respondo
siempre me respondo
porque estás en ti
y de allí no sales
o eso crees
cuando en el camino
no te encuentras
y preguntas por ti
nadie te responde.
Ni siquiera tú
sabes dónde andas
buscas un espejo
para saber si existes
y es otro el que te mira.

THERE ARE POETS

There are poets so, so serious, that win prizes,
they write serious and profound, invoking philosophy,
they think deeply, they invite us to know that poetry
is one more way to power and that being deep or rewarded
is all the same, because they are serious and profound.
They are the poets who reveal life, who refresh language,
winners in workshops with cousins on the power ladder
whatever this means, they are profound into every budget.
Poets in luxury editions, always successful, poets
who have known how to dive deep into life and
institutional resources, scholarship poets, consecrated,
of watery verses but solid at every institution,
poets who will always, always be the fine and strong lineage
of our letters, in an imagined retro.

HAY POETAS

Hay poetas tan serios, tan serios, que ganan premios,
escriben serios y profundos, acuden a la filosofía,
piensan profundo, nos invitan a saber que la poesía
es una forma más de poder y ser profundos o premiados
es lo mismo, porque son serios y profundos.
Son poetas que revelan la vida, que refrescan el lenguaje,
triunfadores en talleres y con primos en la escala del poder
sea esto lo que sea, son profundos en todo presupuesto.
Poetas en ediciones de lujo, siempre triunfadores, poetas
que han sabido bucear en lo profundo de la vida y el
recurso institucional, poetas becados, consagrados,
de versos aguados pero sólidos en toda institución,
poetas que siempre, siempre serán la estirpe fina y firme
de nuestras letras, en retras concebidas.

Victor M. Navarro

MORNING POETRY

I give to the morning my gifts
plucked from the nightly, everyday magic
Scattered images, epileptic monsters
and marble mansions where
the princesses of my dreams dance, literally —.
I take refuge in the poem to start
the day at full steam, surrounded by
muses that, I hope, are my daily
bread, my naked lunch,
the food of the soul, life, sex and heart.
I drink a cliff of words
the bottomless pit where I find
a constant way to come out as light.
Here I fertilize my realities.

MAÑANA POESÍA

Entrego a la mañana mis prendas
desprendidas de la magia nocturna, cotidiana
Imágenes en desbandada, monstruos epilépticos
y mansiones de mármol donde bailan
las princesas, literalmente, de mis sueños.
Me refugio en el poema para iniciar
el día a tambor batiente, rodeado de
musas que, ilusiono, son mi pan
de cada día, mi almuerzo desnudo,
el alimento del alma, vida, sexo y corazón.
De palabras me bebo el acantilado
pozo sin fondo donde encuentro
la siempre manera de salir luz.
Aquí fecundo mis realidades.

NO SURPRISE

How do I understand this universe
the curtains at midnight
the metal of some eyes
that lead me to no place
and to all places
I do not understand the world
in itself
rolling by this world
which is not mine or nobody's
Maybe the surprise
of not knowing that
in this world there
are no surprises
yet everything is possible
in a surprise.

NO HAY SORPRESA

Cómo entiendo este universo
cortinas a media noche
el metal de unos ojos
que me llevan a ninguna parte
y a todas
En sí no entiendo
el mundo
que rueda en este mundo
que no es mío y de nadie
Quizá la sorpresa
de no saber que
en este mundo ya
no hay sorpresa
pero todo es posible
en la sorpresa.

UNNERVED POET

If the poet is a teetotaler
everyone slanders him
and why don't you drink they ask
and he becomes the center of scorn.
The poet arrives sober and bears
the vilification, the bitterness of
others, drunk or not,
who feel safe
with their alcohol and 3 minutes
of happiness and the poet endures,
returns home sober
and with his kicked face;
alas! but if the poet drinks,
arrives very drunk and makes fun of everything
and of everyone, even those
who most deserve it,
then the sad underpants
of reality
show up with shit.

POETA ENERVADO

Si el poeta es abstemio
todos lo infaman
y por qué no bebes, preguntan
y se vuelve el centro del escarnio.
El poeta llega sobrio y soporta
el vilipendio, la amargura de
los otros, borrachos o no,
que se sienten seguros
con su alcohol y 3 minutos
de felicidad y el poeta aguanta,
regresa a su casa sobrio
y caripateado;
¡ay!, pero si el poeta bebe,
llega pedísimo y se burla de todo
y de todos, hasta de aquellos
que merecen más,
entonces los tristes calzones
de la realidad
amanecen cagados.

REFLECTION

Poems are mirrors of power
They are the naked soul
of anyone and everyone
They are life and its continuity
They are death
They are nothing and everything
They are the sameness
and the seismic.

REFLEJO

Los poemas son espejos de fuerza
Son el alma desnuda
de nadie y de todos
Son la vida y su continuidad
Son la muerte
Son nada y son todo
Son lo mismo
y el sismo.

CITY

Stridentistic song to the giant
antennas that break the sky to radiate
indoor scaffolding choirs
wings that sweep the gardens
when the afternoon flees from the edges
algebraic city
the wind binds on the wires
while an electric fan
illuminates with words to Maples Arce
in collusion with List Arzubide.
Image may contain: sky, cloud and outdoor.

URBE

Canto estr_dentista a las antenas
gigantes que rompen el cielo para irradiar
coros de andamios interiores
alas que barren los jardines
cuando la tarde huye de los bordes
ciudad algebraica
el viento se enlaza en los cables
mientras un ventilador eléctrico
ilumina de palabras a Maples Arce
en contubernio con List Arzubide.
La imagen puede contener: cielo, nube y exterior.

I SEE

I see the cars go by
as I see my life pass by
and many colors tell me
no vision is exact
I keep your heart
and several words
that you never said
I keep the amazement
and the faces of those people
who keep on
believing in nothing.

VEO

Veo pasar los autos
como veo pasar mi vida
y muchos colores me dicen
no toda visión es exacta
me queda tu corazón
y varias palabras
que nunca dijiste
me queda el asombro
y los rostros de esa gente
que sigue
sin creer en nada.

BECOMING

The night is a hymn in itself
The horizon speaks of other colors in bodies
The light escapes from us and invades the morning
The day breaks its curtain of dreams
The wind defoliates the rose from other times.

DEVENIR

La noche es un himno en sí misma
El horizonte dice otros colores en los cuerpos
La luz se escapa de nosotros e invade la mañana
El día despunta su cortina de sueños
Deshoja el viento la rosa de otros tiempos.

DIALOGUE

For this singing I quote the lyre
Of continuous and aimless love
Perhaps what my soul looks at
I quote Unamuno's words
Through other pens the soul breathes
In writing everything is one.
It causes a loss of sight and shortens life:
to lose all strength if taken without measure;
makes the bones tremble, all minds forget;
with wine in excess everything is lost.
(Free version of the Archpriest of Hita.)

DIÁLOGO

En esto de cantar cito la lira
Del amor continuo y sin rumbo
Acaso lo que mi alma mira
Cito las palabras de Unamuno
Por otras plumas el alma respira
En escribir todo es uno.
Hace perder la vista y acortar la vida:
perder la fuerza toda si se toma sin medida;
hace temblar los huesos, todo seso olvida;
es con el mucho vino toda cosa perdida.
(Versión libérrima del Arcipreste de Hita).

MIRROR

It's a mirror,
it's a costume,
The night says night
because it hides
a mere truth
that is the immense
laughter of eternity.

ESPEJO

Es un espejo,
es un disfraz,
La noche dice noche
porque oculta
sólo una verdad
que es la inmensa
risa de la eternidad.

CORNER

Corner that dreams of me
city that lives and throbs a building
where I have dreams buried
various corpses of ideas
who come back to lie to me
every night
and they get dressed to go dancing
with verbs that underline
the dark song of the ghosts
that populate my poems.

ESQUINA

Esquina que me sueñas
ciudad que vive y late un edificio
donde enterrados tengo sueños
varios cadáveres de ideas
que regresan a mentirme
cada noche
y se visten para salir a bailar
con los verbos que subrayan
el canto oscuro de fantasmas
que pueblan mis poemas.

Víctor M. Navarro

Víctor Manuel Navarro Bárcenas was born in Mexico City (1954). He studied journalism and communication, literature and cinema at the National Autonomous University of Mexico (UNAM) and trained as a writer and poet in the workshops of Evodio Escalante, Alejandro Aura, Raúl Renán and David Huerta. He was a member of the Synthetic Poetry Workshop founded in 1977.

He worked in Cultural Diffusion of Casa del Lago and in Radio and TV UNAM. He was Press Officer of the National Pedagogical University (UPN).

He was also Deputy Director of Radio and Media in the Federal District government, Deputy Director of Electronic Media in the Álvaro Obregón Delegation, and Coordinator of literary workshops and conferences at the Miguel Hidalgo Delegation.

He was editor of the magazine *Universal Geography*, writer and reporter for the newspaper *Ovaciones* and collaborator in the newspapers *Novedades*, *El Nacional*, *La Jornada* and *Milenio*. He also worked as Deputy Director at the Casa del Faldón and collaborated in *Diario de Querétaro*, *Noticias*, *El Nuevo Amanecer* and *Revista Querétaro*.

He was part of the founding team of Radio Querétaro, and worked as a commentator on television in that state. For six years he coordinated the cycle "Letters, Words in Freedom" for the Querétaro Ministry of Culture, in which Fernando del Paso, Alí Chumacero, Carlos Monsiváis, Francisco Cervantes, Antonio Vilanova and Ignacio Trejo, among many other writers, participated.

He has published reviews, essays and poems in *UNAM Magazine*, *Nexos*, *Semanario de Bellas Artes*, *Letra Franca*, *Siempre!* and several other Mexican magazines. He has published seven books of poems, including: *Cartagena*, *Tributes and Poems*, *Tacubaya Revisited* and *Aída*. His work has been included in various poetry anthologies and in an anthology of urban chronicles.

Víctor M. Navarro

Víctor Manuel Navarro Bárcenas nació en la Ciudad de México (1954). Estudió Periodismo y Comunicación, Letras y Cine en la Universidad Nacional Autónoma de México (UNAM) y se formó como escritor y poeta en los talleres de Evodio Escalante, Alejandro Aura, Raúl Renán y David Huerta. Fue integrante del Taller de Poesía Sintética fundado en 1977.

Trabajó en Difusión Cultural de Casa del Lago y en Radio y TV UNAM. Fue Jefe de Prensa de la Universidad Pedagógica Nacional (UPN).

También fue Subdirector de Radio y Medios en el Gobierno del Distrito Federal, subdirector de Medios Electrónicos en la Delegación Álvaro Obregón, y Coordinador de talleres literarios y conferencias en la Delegación Miguel Hidalgo.

Fue redactor de la revista *Geografía Universal*, articulista y reportero del periódico *Ovaciones* y colaborador en los periódicos *Novedades, El Nacional, La Jornada* y *Milenio*. Así mismo trabajó como subdirector en la Casa del Faldón y colaboró en *Diario de Querétaro, Noticias, El Nuevo Amanecer* y la *Revista Querétaro*.

Formó parte del equipo fundador de Radio Querétaro, y trabajó como comentarista en la televisión de ese estado. Coordinó durante seis años el ciclo "Letras, palabras en libertad" para la Secretaría de Cultura de Querétaro, en el cual participaron Fernando del Paso, Alí Chumacero, Carlos Monsiváis, Francisco Cervantes, Antonio Vilanova e Ignacio Trejo, entre otros muchos escritores.

Ha publicado reseñas, ensayos y poemas en *Revista de la UNAM, Nexos, Semanario de Bellas Artes, Letra Franca, Siempre!* y varias revistas nacionales más. Tiene publicados siete libros de poemas, entre ellos: *Cartagena, Homenajes y poemas, Tacubaya revisited* y *Aída*. Su obra ha sido incluida en varias antologías de poesía y en una antología de crónicas urbanas.

Darklight Publishing

"BRIDGES" BILINGUAL POETRY SERIES /
COLECCIÓN BILINGÜE DE POESÍA "BRIDGES"

1. *In the Fire of Time / En el fuego del tiempo*
María Ángeles Juárez Téllez

2. *Songs of Mute Eagles / Canto de águilas mudas*
Arthur Gatti

3. *Axolotl Constellation / Constelación Axólotl*
Alejandro Reyes Juárez

4. *Trace / Traza*
Iliana Rodríguez

5. *Am I My Brother's Keeper? / ¿Soy el guardián de mi hermano?*
Bernard Block

6. *Postmodern Valladolid / Valladolid posmoderna*
Raúl Casamadrid

7. *The Body's Politics / La política del cuerpo*
Jessica Nooney

8. *Amidst Water and Mud / Entre el agua y el lodo*
Héctor García Moreno

9. *Ritual of Burning Flesh / Ritual de la carne en llamas*
Maribel Arreola Rivas

10. *In Memory of the Kingdom / En memoria del reino*
Baudelio Camarillo

11. *On a Timeless Path / Por un sendero sin tiempo*
Rosario Herrera Guido

12. *The Fresco Technique / La técnica del fresco*
Carlos Santibáñez Andonegui

13. *Wherever the Wind Blows I Will Go / Iré a donde el viento sople*
Peter Blaxill

14. *The Platinum Moon / La luna de platino*
Evie Ivy

15. *In the Margins / Al margen*
Robert Kramer

www.ingramcontent.com/pod-product-compliance
Lightning Source LLC
Chambersburg PA
CBHW022057170626
46808CB00002B/489